BEI GRIN MACHT SICH IHR WISSEN BEZAHLT

- Wir veröffentlichen Ihre Hausarbeit, Bachelor- und Masterarbeit

- Ihr eigenes eBook und Buch - weltweit in allen wichtigen Shops

- Verdienen Sie an jedem Verkauf

Jetzt bei www.GRIN.com hochladen und kostenlos publizieren

GRIN

Wiebke Hugen

Marshall McLuhan – Künstler, Kultfigur, Kommunikationsrevoluzzer?

GRIN Verlag

Bibliografische Information der Deutschen Nationalbibliothek:

Die Deutsche Bibliothek verzeichnet diese Publikation in der Deutschen National-
bibliografie; detaillierte bibliografische Daten sind im Internet über http://dnb.d-
nb.de/ abrufbar.

.

Dieses Werk sowie alle darin enthaltenen einzelnen Beiträge und Abbildungen
sind urheberrechtlich geschützt. Jede Verwertung, die nicht ausdrücklich vom
Urheberrechtsschutz zugelassen ist, bedarf der vorherigen Zustimmung des Verla-
ges. Das gilt insbesondere für Vervielfältigungen, Bearbeitungen, Übersetzungen,
Mikroverfilmungen, Auswertungen durch Datenbanken und für die Einspeicherung
und Verarbeitung in elektronische Systeme. Alle Rechte, auch die des auszugsweisen
Nachdrucks, der fotomechanischen Wiedergabe (einschließlich Mikrokopie) sowie
der Auswertung durch Datenbanken oder ähnliche Einrichtungen, vorbehalten.

Impressum:

Copyright © 2010 GRIN Verlag GmbH
Druck und Bindung: Books on Demand GmbH, Norderstedt Germany
ISBN: 978-3-656-32601-4

Dieses Buch bei GRIN:

http://www.grin.com/de/e-book/205727/marshall-mcluhan-kuenstler-kultfigur-
kommunikationsrevoluzzer

GRIN - Your knowledge has value

Der GRIN Verlag publiziert seit 1998 wissenschaftliche Arbeiten von Studenten, Hochschullehrern und anderen Akademikern als eBook und gedrucktes Buch. Die Verlagswebsite www.grin.com ist die ideale Plattform zur Veröffentlichung von Hausarbeiten, Abschlussarbeiten, wissenschaftlichen Aufsätzen, Dissertationen und Fachbüchern.

Besuchen Sie uns im Internet:

http://www.grin.com/

http://www.facebook.com/grincom

http://www.twitter.com/grin_com

Freie Universität Berlin
Fachbereich Politik- und Sozialwissenschaften
Institut für Publizistik- und Kommunikationswissenschaft
Arbeitsstelle Kommunikationsgeschichte/Medienkulturen

Hausarbeit von Wiebke Hugen

Marshall McLuhan –
Künstler, Kultfigur, Kommunikationsrevoluzzer?

Modul: fachlich vertiefend: Kommunikationsgeschichte und -kultur
Seminar: ÜS 28 650 Debatten zur Kultur- und Medientheorie
Semester: Sommersemester 2010

Inhalt

1   Einleitung

Sucht man nach einem guten einleitenden Zitat für eine kritische Auseinandersetzung mit den Kernthesen Marshall McLuhans, so steht man vor der Qual der Wahl. Wohl kaum ein Kommunikationstheoretiker hat jemals so viele begeisterte Anhänger hervorgebracht und zugleich so viele Debatten unter Experten ausgelöst wie McLuhan in den 1950er und 60er Jahren. Einerseits beinahe Kultfigur, andererseits Opfer regelrechter Hasstiraden war der Forscher in der Etablierungsphase des Fernsehens eine der wichtigsten Figuren der modernen Medienwissenschaft. Passend zu dieser Ambivalenz und stellvertretend für den Grundtenor der meisten kritischen Äußerungen dürfte dieser Auszug stehen – auf die Frage, was McLuhanismus sei, antwortet der Historiker Arthur M. SCHLESINGER jr.:

> Eine chaotische Kombination von blanker Behauptung, raffiniertem Raten, falschen Vergleichen, verblüffender Einsicht, hoffnungslosem Unsinn, gekonntem Schockieren und Schauabziehen, Witz und orakelhafter Mystifizierung; das alles frech und willkürlich zu einem endlosen und anmaßenden Monolog zusammengemixt.[1]

Die teilweise sehr scharf geäußerten Reaktionen der Kritiker werden in den folgenden Kapiteln die Erläuterungen der McLuhanschen Theorien begleiten. Da die vorliegende Arbeit die Ergänzung zu einem im Seminar gehaltenen Referat darstellt, werde auch ich als Verfasserin die in der Präsentation zu den Thesen geäußerte Kritik aufgreifen und meine Bedenken beziehungsweise Zustimmung zum Ausdruck bringen, wenn ich dies für angebracht halte.

Im Rahmen dieser Arbeit ist es leider nicht möglich, jede von McLuhans Hauptthesen angemessen zu beleuchten (so zum Beispiel die vieldiskutierte politische Komponente). Entsprechend unserem Referatsthema wird sich der Text sehr intensiv mit der These der „heißen" und „kalten" Medien und innerhalb dieses Abschnitts insbesondere mit dem Medium Fernsehen auseinandersetzen. Unverzichtbar ist in diesem Zusammenhang die Erwähnung des wohl bekanntesten Schlagworts McLuhans: „The medium is the message". Im Kapitel hierzu wird auch beschrieben, zu welchen Schlussfolgerungen McLuhan kommt und welche Bedeutung seine Erkenntnisse für das menschliche Leben haben (könnten). Zur Einführung bietet sich die Darstellung seiner Einteilung der Menschheitsgeschichte in die vier durch einen Medienwandel geprägten Epochen der „oralen Stammeskultur", der Schriftkultur nach Erfindung des phonetischen Alphabets, der „Gutenberg Galaxis" und des „elektronischen Zeitalters" an.

Ziel der Arbeit ist es, die Hauptthesen Marshall McLuhans kompakt zusammenzufassen und seinen Argumenten diejenigen seiner zahlreichen Kritiker gegenüberzustellen, um so ein abschließendes Fazit zu wagen, ob McLuhan zurecht auch fünfzig Jahre nach seiner „Hochphase" nicht aus den Sammelbänden der modernen Medienwissenschaft wegzudenken ist oder doch nur noch Erwähnung findet, um der grauen Theorie zu etwas Farbe, ein wenig „Kunst" zu verhelfen.

---

[1] Aus dem Klappentext zu: Marshall McLuhan: Das Medium ist Massage. Frankfurt/M., Berlin [u.a.] 1984.

2 Ziele, Ambitionen und Prinzipien McLuhans

Oberstes Ziel der Anstrengungen McLuhans war es, „unsere technologische Umwelt und ihre psychischen und sozialen Konsequenzen zu verstehen".[2] Dabei soll* jedoch in erster Linie der Prozess des Entdeckens offengelegt und kein fertiges Ergebnis angeboten werden. McLuhan zieht es vor, „neue Gebiete abzustecken als alte Markierungen auszuwerten". Der Forscher betont vielfach, er wolle seine Erkenntnisse nicht als Offenbarung der Wahrheit verstanden wissen – er selbst sei keinem fixen Standpunkt und keiner Theorie verpflichtet, auch nicht der eigenen. „Ich würde jede Aussage, die ich irgendwann einmal zu einem bestimmten Gegenstand gemacht habe, sofort über Bord werfen, wenn die Realität mich eines Besseren belehrt oder wenn ich merke, dass sie zum Verständnis eines Problems nichts beiträgt."[3] In der Untersuchung unserer Umwelt muss der Forscher sich eine gewisse Flexibilität bewahren, wenn er die sich alle Faktoren der sich ständig verändernden Struktur einbeziehen möchte. Diese sogenannte „Flexibilität" ist natürlich Stein des Anstoßes für viele Kritiker McLuhans – dazu beigetragen haben auch seine Aussagen wie „Wenn hier und da ein paar Details überspannt wirken, ist das doch wirklich egal."[4] Er sah in sich selbst einen Generalist, keinen Spezialist.

> Medienwissenschaft, die etwas taugt, beschäftigt sich nicht nur mit dem Inhalt der Medien, sondern mit den Medien selbst und der gesamten kulturellen Umgebung, in der sie aktiv werden. Nur mit einer gewissen Distanz und einigem Überblick kann man erkennen, wie eine Sache funktioniert und welchen Einfluss sie ausübt.[5]

Die Wirkung von Medien (nicht ihrer Inhalte!) ist, so glaubt er, von den Forschern 3.500 Jahre übersehen worden – bis in unser elektronisches Zeitalter hinein. Dies hat verheerende Konsequenzen. In der heutigen Zeit der sofortigen, unmittelbaren Kommunikation hängt „unser Überleben, zumindest aber unser Wohlstand und Glück" davon ab, dass wir unsere neue Umgebung verstehen. Die modernen Medien bewirken eine beinahe sofortige, totale Veränderung der Kultur, der Werte und Einstellungen. Dieser plötzliche Umsturz ist sehr schmerzhaft und führt zum Verlust der eigenen Identität. Das einzige, was hier hilft, ist die bewusste Wahrnehmung seiner Dynamik. „Wenn wir Veränderungen verstehen, können wir sie auch vorhersehen und beherrschen. Verharren wir aber in unserem selbstverschuldeten, bewusstlosen Trancezustand, dann werden wir zu ihren Sklaven [denen der Medien, Anm. W. H.] werden."[6] Er kritisiert, dass die Menschen immer noch glauben, es komme darauf an, wie man ein Medium gebraucht und nicht darauf, was es in und mit uns anstellt. „Das ist eine Zombie-Haltung eines technologischen Idioten."[7] McLuhan wird angetrieben von

---

* Um die Arbeit trotz vieler wiedergegebenen Thesen „lesbar" zu halten, wird im gesamten Text auf den Konjunktiv in der indirekten Rede verzichtet – auch direkt vor und hinter eingeschobenen Zitaten.
[2] Eric Norden: Interview mit Marshall McLuhan (1969). In: Baltes, Martin [Hrsg.]: Marshall McLuhan. Freiburg 2002, S. 7.
[3] ebd.
[4] Philip Marchand: Biografie. In: Baltes, Martin [Hrsg.]: Marshall McLuhan. Freiburg 2002, S. 99.
[5] Norden (1969), S. 7/8.
[6] ebd., S. 10.
[7] ebd., S.11.

seinem Drang, die Menschen vor diesen Effekten zu warnen, um für eine Kontrolle der Medienwirkungen zu sorgen.

3 Die vier Epochen des Medienwandels

Um zu illustrieren, inwiefern die Menschheit in ihrer Entwicklung zeitweise durch einen bestimmten Medientypus determiniert war, teilt McLuhan unsere Geschichte in vier Epochen ein, die jeweils von einem entscheidenden Medienwandel geprägt waren.

3.1 Die orale Stammeskultur

Beginnend mit der „oralen Stammeskultur" erklärt er, dass das Leben lange Zeit vom Gehörsinn dominiert war, doch gut ausbalanciert mit den übrigen Sinnen des Tastens, Schmeckens, Hörens und Riechens, die aus praktischen Gründen ebenfalls viel weiter entwickelt waren als die streng visuellen. Etwas konstruiert erscheint schon hier McLuhans Erläuterung, inwiefern die Vorherrschaft des Gehörs zum Gemeinschaftssinn, also der „Stammeskultur", beiträgt: Das Ohr „nimmt [...] feinfühlig und überempfindlich alles auf und trägt so innerhalb der Stammeswelt zu dem nahtlos verbundenen Netz der Verwandtschaften und gegenseitigen Abhängigkeiten bei, in dem alle Mitglieder der Gruppe harmonisch zusammenleben."[8] Nachvollziehbarer ist hingegen seine Erklärung, dass die Sprache als erstes Kommunikationsmedium die Menschen einte: Niemand wusste mehr oder weniger als der andere – dadurch existierte weder Individualismus noch Spezialisierung, für McLuhan „die Markenzeichen des westlichen ‚zivilisierten' Menschen".[9] Es gab keine Möglichkeit zur Distanzierung, da in oralen Kulturen Aktion und Reaktion immer gleichzeitig abliefen. Ein weiterer Unterschied zum späteren alphabetisierten Menschen ist die grundsätzlich andere Vorstellung von Raum-Zeit-Verhältnissen: Der Stammesmensch lebte in einem akustischen Raum ohne Zentrum oder feste Umrisse – ganz im Gegensatz zu einem streng visuellen Raum, der eine Ausweitung des Auges darstellt (der Aspekt der Erweiterung eines Körperteils durch ein Medium wird im weiteren Verlauf dieser Arbeit noch näher erläutert werden). Der Mensch der Stammesgesellschaft führte ein komplexes „kaleidoskopartiges" Leben, da sich das Ohr im Gegensatz zum Auge nicht auf einen bestimmten Punkt konzentrieren kann und eher „synästhetisch als analytisch und linear" ist.[10] Im Hörraum passiert alles gleichzeitig, im Sehraum eins nach dem anderen. Für das Leben in der oralen Kultur spricht für McLuhan, dass der Stammesmensch spontaner, leidenschaftlicher und lebhafter war, da das gesprochene Wort emotionsgeladener ist als das geschriebene (da immerzu Gefühle mitvermittelt werden). Typisch für McLuhans Beschreibungen ist ein leichtes Abdriften ins Überirdische, so war die Welt seiner Ansicht nach „magisch, ganzheitlich und erhielt ihre Ordnung durch Mythen und Rituale, deren Werte göttlich und unangefochten waren."[11] Die Stammeskultur überlebte etwa bis ins 16. Jahrhundert.

---

[8] Norden (1969), S. 11.
[9] ebd.
[10] ebd., S. 12.
[11] ebd.

5

3.2 Die Einführung des phonetischen Alphabets

Die Erfindung des phonetischen Alphabets schlug in der Stammeswelt laut McLuhan „wie eine Bombe ein" und katapultierte das Sehen in der Sinneshierarchie an die erste Stelle. „Sie trieb den Menschen aus der Stammesgesellschaft hinaus, gab ihm ein Auge für ein Ohr und ersetzte ein ganzheitliches, intensives Zusammenleben in der Gemeinschaft durch visuelle, lineare Werte und ein fragmentiertes Bewusstsein."[12] Der Aspekt des „fragmentierten Menschen" ist für McLuhan besonders bedeutsam. Gemeint ist eine klare Beschränkung jedes Einzelnen auf Spezialgebiete, da Ereignisse fortan kategorisiert und klassifiziert wurden. Diese Tendenz verstärkte sich, je mehr Wissen durch das Alphabet angehäuft wurde. Die Folgen waren, übernimmt man die dramatische Wortwahl McLuhans, verheerend: So „zertrümmert" das Alphabet den „Zauberkreis der Stammeswelt und verwandelt die Menschen in einer Explosion in einen Haufen spezialisierter und psychisch verarmter ,Individuen'".[13] Durch die Verwandlung ihrer Komplexität wird die Vielfalt der Kulturen in einfache, visuelle Formen neutralisiert. Der sich hier ergebenden Frage, weshalb die Einführung des phonetischen Alphabetes denn so viel gravierendere Folgen hatte, als es bei der Erfindung alter chinesischer und ägyptischer Schriftzeichen über 3.000 Jahre zuvor der Fall gewesen war, begegnet McLuhan mit der Erklärung, dass letztere die Ausweitung der Sinne bildlich zum Ausdruck brachte, während die phonetische Schrift semantisch bedeutungslose Buchstaben für semantisch bedeutungslose Klänge verwendet. Um mit „nur einer Handvoll Buchstaben" alle Sprachen zu bedienen, musste man das, was man sah und hörte, von dem trennen, was es allgemein und innerhalb einer bestimmten Situation bedeutete. Dadurch entstand eine Barriere zwischen Mensch und Gegenstand. In der Konsequenz kam es zu einer „Verkümmerung des Unterbewussten".[14] Der Sinnesapparat geriet aus dem Gleichgewicht, sodass das Wechselspiel aller Sinne und die daraus entstehende psychische und soziale Harmonie zerstört und der Sehsinn überentwickelt wurde – das war noch bei keinem anderen Schriftsystem (Hieroglyphen, Ideogrammen) der Fall gewesen. Das Sehen jedoch bewirkt Distanzierung und verhindert Anteilnahme; deswegen ist die plötzliche Dominanz des Visuellen dafür verantwortlich, dass die Menschen aus ihrer Stammesgemeinschaft hinausgetrieben wurden. Als „Beweis" für diese Entwicklung hält McLuhan dem Leser das Beispiel der Beobachtung einer einzigen Generation Alphabetisierter in Afrika (ein Land, dass er insgesamt wohl als Paradebeispiel für „Stammesgesellschaften" betrachtet) vor Augen, wobei sich zeigt, dass ein Individuum durch die Aneignung des Alphabets aus seiner Stammesgemeinschaft herausgerissen wird.[15]
Zwar ergibt sich ein „Vorteil" aus der Verbesserung des abstrakten, intellektuellen Verständnisses für die Welt und der Überlegenheit der Alphabetkulturen im Einsatz logisch miteinander verbundener, linearer Sequenzen als Mittel sozialer und psychischer Organisation. Außerdem war der „westliche Mensch" (dieser Begriff erhält bei McLuhan etwas Stigmatisches) nun in der Lage, seine Erfahrungen in uniforme Einheiten zu übertragen und dadurch schneller zu handeln und Zustände zu verändern – er konnte

---

[12] Norden (1969), S. 13.
[13] ebd.
[14] ebd., S. 14.
[15] ebd.

6

sich „angewandten Wissens" bedienen. Damit einher gehen jedoch automatisch der Verlust des „zutiefst emotionalen Gemeinschaftsgefühls", der Beziehung zum sozialen Milieu und eine Verarmung von Phantasie, Gefühls- und Seelenleben. So war die Einführung des phonetischen Alphabets sowohl Fortschritt als auch „psychisches und soziales Desaster" für die Menschen.[16]

Trotz alarmierender Termini hält sich McLuhan mit Urteilen über die beschriebenen Entwicklungen sehr zurück, vor allem, wenn er sich darauf beschränken soll, ob diese nun „gut" oder „schlecht" gewesen seien. Er will, so betont er, nur auf den Preis aufmerksam machen, den der Mensch für seine Entwicklungsschritte zu zahlen hatte.[17] Und die Auswirkungen des phonetischen Alphabets sollten in ihrer „Einschlagskraft" sogar noch einmal überboten werden.

3.3   Die Gutenberg-Galaxis

„Wenn der Stammesmensch vom phonetischen Alphabet wie von einer Bombe getroffen worden war, dann schlug die Druckpresse bei ihm wie eine 100 Megatonnen-Wasserstoffbombe ein", so McLuhan typisch bildhaft über die Erfindung des Gutenbergschen Buchdrucks mit beweglichen Lettern.[18] Er hält diese Epoche in ihren Konsequenzen für so einschneidend, dass er ihr ein eigenes Werk (*The Gutenberg Galaxy*) widmete. Der Buchdruck stellte die wichtigste Ausdehnung der phonetischen Schrift dar; Bücher konnten nun in unbegrenzter Stückzahl produziert werden. Mit dem grandiosen Sieg des Abstrakten, Mechanischen und Visuellen und durch die Schaffung von Kontinuität und Konkurrenz war der Untergang der stammesmenschlichen Gemeinschaft endgültig besiegelt. Noch einmal wurde die gesamte psychische und soziale Umwelt des Menschen verändert. Tendenzen zum Individualismus und zur Spezialisierung intensivierten sich, Spaltung von Denken und Handeln wurden institutionalisiert und der „fragmentierte Mensch, der in einem ersten großen Schritt durch das Alphabet entzweit worden war, wurde schließlich in mundgerechte Häppchen zerteilt. Von da an war der westliche Mensch ein Geschöpf Gutenbergs."[19]
Die Druckpresse verwandelte, indem sie in Massenherstellung produzierte Bücher über ganz Europa verteilte, kurzlebige, regionale Dialekte in geschlossene einheitliche Systeme von Nationalsprachen (McLuhan bezeichnet Landessprachen als eine „Spielart der heutigen Massenmedien") und leitete so Nationalismus ein. Darüber hinaus schuf der Buchdruck durch einheitliches Geld, einheitliche Märkte und ein einheitliches Transportsystem die Dynamiken des modernen Nationalismus und der Handelseinheiten, bis Europa zu einem Netzwerk von Staaten geworden war. McLuhan geht jedoch noch weiter: Neben dem Phänomen des Nationalismus ist die Druckpresse auch für „die Reformation, das Fließband und seine Abkömmlinge, die industrielle Revolution, die ganze Vorstellung von Kausalität und die Kartesianische und Newtonsche Vorstellung vom Universum, die Perspektive der Kunst und die

---

[16] Norden (1969), S. 15.
[17] ebd.
[18] ebd., S. 16.
[19] ebd.

7

psychologische Form der Selbstbeobachtung und Hinwendung zum Inneren"[20] verantwortlich – jeder Aspekt der westlichen mechanischen Kultur wurde durch die Buchdrucktechnologie geformt. Dafür müssen Schreiben und Lesen als typographische Technologien begriffen werden, die alle Lebensbereiche beeinflussen. Wolfgang COY erläutert:

> Sprache, Literatur, Recht, Nation, Wissenschaft und Handel: Sie alle hängen von den Techniken des Lesens, Schreibens und Rechnens ab. [...] Durch präzise Wiederholung des Notierten wird es möglich, logische Beweis- oder Ableitungsketten aufzubauen, die ohne diese Hilfen unüberschaubar wären. Das formal-logische Denken, die moderne Mathematik und die darauf aufbauenden Naturwissenschaften sind ohne typographisches Gedächtnis und ohne ihre speziellen Notationen nicht vorstellbar.[21]

Zugleich äußert COY jedoch auch Kritik zu McLuhans Umgang mit historischen „Tatsachen": Gelegentlich „schießen Details der Analysen [...] über allseits abgesicherte wissenschaftliche Fakten hinaus – Marshall McLuhan liebt stichhaltige Vermutungen, besonders wenn sie ihre Stichhaltigkeit durch McLuhansche Theoriebildung gewinnen."[22] Den Zusammenhang zwischen Buchdruck und Industrialisierung erklärt McLuhan dahingehend, dass der Druck die erste Mechanisierung eines komplizierten Handwerks darstellte und so zum Vorbild für die weitere Entwicklung der Mechanik wurde. Die wichtigste Eigenschaft war die Wiederholbarkeit, da sie „die Wurzel des mechanischen Prinzips" ist. Nach McLuhan üben die Druckmedien bis heute eine „hypnotische Herrschaft" über uns aus[23] – mehr dazu in Kapitel 4.3.1.

3.4 Das elektronische Zeitalter

Das bis heute andauernde elektronische Zeitalter erweckte uns nun aus dieser Hypnose, diesem „Trancezustand". Es entwickelte sich seit der Erfindung des Telegrafen; hinzu kamen nach und nach das Radio, der Film, das Telefon, das Fernsehen und der Computer. Zum ersten Male erweiterten diese Medien nicht nur eine einzige Sinnesfunktion, wie es bei den mechanischen Medien der Fall gewesen war, sondern vergrößerten das gesamte Zentralnervensystem, verlagerten es aus dem Körper hinaus und veränderten somit alle Bereiche des sozialen und psychischen Lebens (ein Phänomen, das streng genommen laut McLuhan ebenso auf die beiden vorherigen Epochen zutreffen sollte): Der fragmentierte Mensch wurde wieder zum ganzheitlichen Lebewesen.[24] Im Nachhinein kann das mechanische Zeitalter als „Zwischenspiel zwischen zwei großen, organisch funktionierenden Kulturepochen" betrachtet werden. Das Entscheidende an elektronischen Medien ist, so McLuhan, dass sie den „Schwerpunkt im Wechselspiel der Sinne" verlagern und so für eine „Generalüberholung und Umstrukturierung all unserer Werte und Institutionen" sorgen. Dies bewirkt einen Prozess zurück zu einer Stammesgesellschaft, der die Erde in ein „globales Dorf" (ein

---

[20] Norden (1969), S. 16.

[21] Coy, Wolfgang: Von der Gutenbergschen zur Turingschen Galaxis. Jenseits von Buchdruck und Fernsehen. Bremen 1995, S. VII/IX.

[22] ebd., S. XI.

[23] Marchand (2002), S. 90.

[24] Norden (1969), S.18.

weiteres berühmtes Schlagwort McLuhans) verwandelt. Dieser Prozess geht folgendermaßen vonstatten: Die elektronisch erzeugten Ausweitungen unseres Zentralnervensystems werfen uns in einen „globalen Pool von Informationen" und machen es dem Einzelnen so möglich, „die gesamte Menschheit in sich selbst aufzunehmen".[25] Die Distanzierung und Aufsplitterung des alphabetisierten Menschen der westlichen Welt weichen einem neuen, von den elektronischen Medien erzeugten, intensiven, tief gehenden Beteiligtsein. Dies macht es möglich, immer wieder mit sich selbst und anderen in Kontakt zu treten. Die Unmittelbarkeit der elektronischen Informationsübertragung bewirkt vor allem eine Dezentralisierung, die vielfältige Stammes-Lebensweisen mit sich bringt. Dies hat besonders in westlichen Ländern, wo die auf der Alphabetisierung beruhenden Werte fest verankert sind, einen „hoch traumatischen Prozess" zur Folge, da der Zusammenstoß der alten, unterteilten, visuellen Kultur mit der neuen, integralen elektronischen Kultur zu einem Identitätsverlust, einer „Leere des Ichs" führt, wodurch laut McLuhan ungeheure Gewalt freigesetzt wird – „Gewalt als Suche nach einer persönlichen, gemeinschaftlichen, gesellschaftlichen oder beruflichen Identität"[26] (er gibt hier jedoch kein Beispiel an, wann und wo diese Gewalt schon sichtbar geworden ist). Die einzige Möglichkeit zur Kontrolle dieses Prozesses ist die, die Medien und ihre revolutionären Auswirkungen zu verstehen.

> Wenn wir begreifen, was mit uns passiert, können wir die Wucht der Veränderung abfedern und in dieser Übergangsperiode die wertvollsten Elemente der alten visuellen Kultur in eine friedliche Koexistenz mit der neuen retribalisierten [von tribe = Stamm, Anm. W. H.] Gesellschaft hinüberretten. Wenn wir dagegen versuchen, diesen verheerenden Entwicklungen mit unserer herkömmlichen Rückspiegelmentalität beizukommen, wird unsere gesamte westliche Kultur zerstört werden und in den Mülleimer der Geschichte wandern.[27]

Dazu ist eine gemeinschaftliche Anstrengung der gesamten Gesellschaft erforderlich.

Im Medium Fernsehen, dem im Kapitel 4.2 noch besondere Aufmerksamkeit zukommen wird, sieht McLuhan das wichtigste elektronische Medium (an dieser Stelle sei daran erinnert, dass sich der Forscher auf dem Technikstand der 1960er Jahre befand, wodurch einige seiner Thesen zum Thema Television aus heutiger Sicht eher belustigend als faszinierend wirken und an Überzeugungskraft weiter eingebüßt haben). Es weitet das Zentralnervensystem jedes Zuschauers aus, indem es den gesamten Sinnesapparat durcheinanderbringt, weshalb in erster Linie das Fernsehen verantwortlich für das Ende der Vorrangstellung der Visuellen ist.[28] Was auf den ersten Blick unsinnig erscheinen mag, da in der TV-Rezeption ja ohne Frage hauptsächlich die Augen zum Einsatz kommen, erklärt McLuhan mit der Beschaffenheit des Mediums Fernsehen. Damit ist eine Überleitung zum Kernthema dieser Arbeit, den „heißen" und „kalten" Medien, geschaffen.

---

[25] Norden (1969), S. 23.
[26] ebd.
[27] ebd., S. 50.
[28] ebd., S. 19.

9

4 Heiße und kalte Medien

Der allgemein bekannte Medienbegriff wird bei McLuhan ausgedehnt. Gemeint sind also nicht zur Schriftgut, Sprache, Funk und Fernsehen, sondern auch Dinge wie Schrift, Kleidung, Geld, Comics, das Rad, Fotos, Autos, Werbung, Sport, Steine, Waffen etc.. Ob ein Medium von McLuhan als „heiß" oder „kalt" eingestuft wird, bemisst sich an seinem Detailreichtum. Detailreichtum wiederum ist der Zustand hoher Datendichte. So ist etwa eine Fotografie „detailreich" und eine Karikatur „detailarm", weil wenig optisches Informationsmaterial gegeben ist und eine Vervollständigung durch den Betrachter verlangt. Auch das Telefon und die Sprache klassifiziert er als „kalte Medien", da das Ohr bei beidem nur eine dürftige Summe von Informationen bekommt und viel ergänzt werden muss. Heiße Medien schließen aus, kalte ein – soll heißen: Heiße Medien erfordern nur geringe Eigen- oder Ergänzungsleistung, kalte dagegen hohe. Ein besonders nachvollziehbares Beispiel ist hier die Gegenüberstellung von Vorlesung und Seminar: Ein Seminar verlangt starke Beteiligung, ist also kalt, eine Vorlesung liefert hingegen ein fertiges „Paket" von Informationen, das ohne Vervollständigung entgegengenommen werden kann und ist somit heiß.[29] Ein Problem sehe ich hier in der Tatsache, dass er keinen Unterschied zu machen scheint zwischen einer Art der Beteiligung, die völlig unbewusst abläuft (wie z.b. beim Fernsehen, wie gleich erläutert wird) und einer aktiven, bewussten Teilnahme, die mit „echten" Denkvorgängen verbunden ist – wie eben in einem Seminar.

Ein heißes Medium hat ganz andere Auswirkungen auf den, der es verwendet, als ein kaltes. Dies soll im Folgenden an den Beispielen des Radios als Vertreter eines heißen Mediums und dem Fernsehen als kaltem Medium verdeutlicht werden.

4.1 Das Radio

Das Radio liefert „mit großer Kraft und Intensität immense Mengen akustischer Informationen", die nichts oder nur sehr wenig der Eigenleistung des Zuhörers überlassen.[30] Es erweitert wie alle heißen Medien nur einen Sinn – in diesem Fall das Gehör. Länder wie England und Amerika waren durch die Beeinflussung des Alphabets stark „visualisiert" und gegen das Radio „immun". Die weniger visuellen Völker waren hingegen nicht gefeit – gemeint sind hier die Deutschen, die „dem Stammeszauber" des Hörfunks erlagen und im Faschismus „hypnotisiert zu der Stammestrommel des Radios tanzten",[31] wenn sie sich vor dem Volksempfänger versammelten gemeinsam Hitlers Reden lauschten. McLuhan geht soweit zu sagen, dass Hitler, wäre das Fernsehen im „Dritten Reich" schon weiter verbreitet gewesen, „nicht lange gehalten" hätte. „Wenn das Fernsehen schon vorher aufgekommen wäre, hätte es überhaupt keinen Hitler gegeben. [...] Das Fernsehen macht aus seiner Erscheinung eine Karikatur. Das Radio aber ist ein heißes Medium und nimmt Witzfiguren ernst."[32] Diese Aussage ist, das dürfte nicht überraschen, sehr umstritten. Sidney FINKELSTEIN etwa gibt zu bedenken, dass Hitler

---

[29] Norden (1969), S. 20.
[30] ebd.
[31] McLuhan: Medien verstehen (1968). In: Baltes, Martin [Hrsg.]: Marshall McLuhan. Freiburg 2002, S. 163.
[32] ebd., S. 164.

über weit mehr Mittel zur Machtausübung verfügte als sich auf die bloße Wirkung des Mediums Radio verlassen zu müssen:

> [...] At best, McLuhan is stating a half-truth. He is comparing television to radio, and the real point he makes is that Hitler's speeches, which were so effective on radio, would not have made at all the same impact on television. Hitler however had more strings to his bow than radio; forms of naturalism, numbing the critical intelligence with their sense-data, visceral impact and implied messages of irresistible power.[33]

Ebenso geht McLuhan übrigens davon aus, dass die Machtergreifung des Diktators mit dem Wissen um das Medium Radio völlig vorhersehbar war: Hätte Hitler seinerzeit Vorträge über die Botanik statt Kampfreden gehalten, so hätte ein anderer Demagoge über das Radio zum Judenhass aufgerufen und dadurch den Holocaust in Gang gesetzt[34] – der Inhalt des Mediums ist seiner Beschaffenheit eindeutig untergeordnet. Das Radio berührt die meisten Menschen persönlich und schafft eine Atmosphäre unausgesprochener Kommunikation zwischen Autor, Sprecher und Hörer. Als Beweis für die allumfassende, mitreißende Kraft dieses Mediums verweist McLuhan auf die berühmte Radiosendung von Orson Welles auf dem US-Radiosender CBS, in der 1938 im Zuge eines Hörspiels eine Invasion vom Mars „bekanntgegeben" wurde. Hörer, die erst später zugeschaltet hatten oder bei der Ankündigung unaufmerksam gewesen waren, hielten das Hörspiel zum Teil für eine echte Reportage und verfielen in Panik, da sie davon ausgehen mussten, dass von einem echten Angriff Außerirdischer die Rede war. McLuhan resümiert, dass Hitler sich Welles Methode zu Eigen gemacht und auf die Wirklichkeit angewandt hat.[35] Mit diesem Beispiel, so möchte ich anmerken, straft sich McLuhan in einem Punkt selbst Lügen, hatte er doch vorher behauptet, die Amerikaner seien aufgrund ihrer stark visuellen Prägung im Gegensatz zu den Deutschen gegen die Wirkung des Radios „immun", was durch dieses Ereignis nun eindeutig widerlegt wurde.

4.2 Das Fernsehen

Das Fernsehen schafft laut McLuhan eine Rückkehr zu „coolen" Werten und Eigeninitiative. Wie bereits angedeutet, zählt er es eindeutig *nicht* zu den visuellen Medien, sondern geht davon aus, dass bei der Rezeption der Tastsinn (!) die größte Rolle spielt – und dieser wiederum erfordert am meisten das Wechselspiel aller Sinne. Diese Aussage verlangt natürlich nach einer Erklärung, welche bei McLuhan folgendermaßen ausfällt: Das Fernsehbild weist – zumindest in den 1960er Jahren – nur eine geringe Dichte und Schärfe auf und bietet deshalb keine detaillierten Infos über bestimmte Gegenstände. Das Mosaik aus dunklen und hellen Flecken, aus denen das Bild besteht, liefert nur eine unscharfe Ansicht und verlangt die Anteilnahme des Betrachters, der die undeutlichen Bilder im Geiste während der gesamten Rezeptionszeit vervollständigt. So führt er einen „dauernden kreativen Dialog mit der Fernsehkamera", wozu großes persönliches Engagement nötig ist.[36] Dabei wird er, um auf den Tastsinn zurückzukommen, „mit Lichtimpulsen beschossen" und erhält keine Einzelaufnahmen,

---

[33] Finkelstein, Sidney: Sense and nonsense of McLuhan. New York 1968, S. 90/91.
[34] Norden (1969), S. 21.
[35] McLuhan (1968), S. 164.
[36] Norden (1969), S. 19.

sodass er die Konturen von Dingen pausenlos mit einem Abtastsystem abfährt. „Das so entstandene plastische Profil erscheint bei Durchlicht, nicht bei Auflicht, und ein solches Bild hat viel eher die Eigenschaften der Plastik oder des Bildsymbols als die der Abbildung."[37] Das Fernsehbild bietet dem Beschauer etwa 3.000.000 Punkte pro Sekunde. Davon nimmt er in jedem Augenblick jedoch nur ein Dutzend auf, um sich daraus ein Bild zu machen.

Das Medium Fernsehen ist dabei auf keinen Fall gleichzusetzen mit dem heißen Medium Film (gemeint ist der auf einer Kinoleinwand übertragene Film): Die Elektronen des Fernsehschirms dringen so direkt in den Kopf des Zuschauers ein, wie das bei einer Kinoleinwand oder einem Foto nie der Fall ist. Beim Film nimmt der Zuschauer das Bild als „Paket" entgegen und nicht, wie es beim TV der Fall ist, als mosaikartiges Maschennetz, bei dem die Lücken aktiv gefüllt werden müssen. „Eine Fernsehaufnahme vermittelt nur so viel Information wie ein kleiner Ausschnitt einer Halbnahaufnahme auf der Filmleinwand."[38]

Dank dieser Erkenntnis sieht sich McLuhan zum Tadel an den Fernsehkritikern bemüßigt, die sich lediglich auf den Programminhalt konzentrieren:

> Aus purer Nichtbeachtung eines so zentralen Aspekts des Fernsehbildes haben Programm-„Inhalts"-Kritiker von der „brutalen Wirkung des Fernsehens" gesprochen. Kritiker, die der Zensur das Wort reden, sind bezeichnenderweise halbalphabetisierte, rein vom Buch beeinflusste Individuen, die alle Medien mit Ausnahme des Buches verdreht und verschroben sehen. Die heftige Äußerung irgendeiner isolierten Haltung fassen sie fälschlicherweise als moralische Wachsamkeit auf. Wenn diesen Zensoren einmal klar würde, dass in allen Fällen „das Medium die Botschaft" ist, das heißt die Hauptquelle der Wirkungen, würden sie die Medien selbst zu verbieten versuchen, statt eine Kontrolle des Programm„inhalts" anzustreben.[39]

Das Fernsehen kann nicht als Hintergrund verwendet werden – es engagiert uns. Dieser Ansturm der „Light-Brigade" (gemeint sind die Lichtimpulse, die nach McLuhans Ansicht in den Kopf des Rezipienten eindringen) hat unser allgemeines Bewusstsein für Sinn und Form des Lebens und der Weltgeschehnisse empfindlich gesteigert. Die ganze Bevölkerung wird in rituelle Vorgänge (wie dem Begräbnis John F. Kennedys) einbezogen, die Bilder werden auf die Zuschauer projiziert. Sie sind der Bildschirm.[40]

Mir persönlich leuchtet nicht ein, worin der Unterschied zwischen der Anteilnahme der Massen am Radio (etwa bei Welles' Hörspiel oder Hitlers Reden) und jener besteht, die sie vor dem Fernseher bei der Übertragung einer Beisetzung empfinden. In beiden Fällen verhält es sich meiner Meinung nach so, dass die Rezipienten aktiv und bewusst reagieren, was allerdings gegen die von McLuhan beschriebene Wirkung des Mediums Fernsehen sprechen würde, bei dem die Anteilnahme ja offensichtlich unbewusst abläuft. Derselben Meinung ist FINKELSTEIN, die ihre Missbilligung deutlich schärfer zum Ausdruck bringt:

---

[37] McLuhan (1968), S. 165/166.
[38] ebd., S. 166.
[39] ebd.
[40] McLuhan (1984), S. 125.

Why is TV, with its sentimental soap-operas, its Western pseudo-dramas, its spy stories and sensational on-the-spot newscasts „cool" and „involved"? McLuhan's trick is to shift from the mind to the mindless, from the conscious to the unconscious, from the brain to the body and viscera, and along with this to dazzle the reader with his apparently expert technical knowledge of what goes on in the television picture tube.[41]

Mitstreiter und Kritiker McLuhans halten auch dessen Beschreibung des Lichtimpulsbeschusses für abwegig. Die These ist, so Philip MARCHAND, nie überzeugend belegt worden – es war schlichtweg „McLuhans unausgegorener Versuch, die merkwürdige Wirkung des Fernsehens zu verstehen".[42] Da der Forscher so fanatisch an diesem Punkt festhielt, scherzten seine Kollegen, die McLuhans besäßen offenbar einen schlechten Fernseher. FINKELSTEIN stellt zudem fest, dass die Gegenüberstellung eines Gemäldes als einem heißen und des Fernsehens als einem kalten Medium einer intensiveren Untersuchung nicht standhält, da auch das Gemälde bei genauer Betrachtung aus vielen kleinen Punkten und Pinselstrichen besteht, die erst aus der Ferne zu einem Bild werden, ebenso ein fotografisches Abbild eines gemalten Bildes:

[...] when one looks closely to the painting by Titian or Rembrandt, one sees thousands of little brush-strokes and spots of color that, at a greater distance, coalesce into evocation of textures and light. But painting like that of Titian and Rembrandt is, to McLuhan, the „hottest" of media. A printed photographic reproduction of a painting or photograph – likewise a „hot" medium to McLuhan – is actually a „screen" of tiny printed dots which coalesce to the eye as a picture. However whether this special bodily impact of the television picture tube „mosaic" is really scientifically so, does not interest McLuhan.[43]

Ausgehend von diesen Betrachtungen der bei McLuhan wichtigsten Medien wird sich das folgende Kapitel damit befassen, was sich aus diesen Erkenntnissen hinsichtlich der Wirkung eines Mediums auf den Menschen schlussfolgern lässt.

4.3   Medienwirkung bei McLuhan

Ist man sich der grundverschiedenen Wirkung eines heißen bzw. kalten Mediums bewusst, so ist man auch in der Lage, es zu kontrollieren. Wird das Medium in seiner Beschaffenheit hingegen außer Acht gelassen, so verschenkt man die Chance, die Wirkung auf den Menschen wahrzunehmen und zu beeinflussen. Deshalb sind wir auch immer „ganz perplex" und überhaupt nicht vorbereitet, wenn sich die Welt durch neue Medien auf revolutionäre Art und Weise verändert.[44]

4.3.1   Prima Klima und Narziss-Narkose

Wichtig ist, das Wissen um die Medien einzusetzen, um das unkontrollierte „Aufheizen" einer Kultur zu verhindern – denn das hat, so McLuhan, in der hitzigen Schriftkultur zu Nationalismus und den Religionskriegen des 16. Jahrhunderts geführt (eine für ihn typische – weil nicht falsifizierbare – These). Insbesondere „kalte", also rückständige

---

[41] Finkelstein (1968), S. 82.
[42] Marchand (2002), S. 90.
[43] Finkelstein (1968), S. 83/84.
[44] Norden (1969), S. 21.

Kulturen dürfen nur gleichförmig und kontrolliert „aufgeheizt" werden, indem heiße Medien durch kalte ausgeglichen werden. Eine plötzliche klimatische Veränderung führt immer zu radikalen Umbrüchen in der Kultur. So etwa das Radio wie bereits angedeutet in kühlen, nicht alphabetisierten Ländern eine viel „aufpeitschendere" Wirkung als in Ländern wie England oder Amerika, die ohnehin schon „heiß" sind. Wir kommen, so glaubt der Forscher, noch in einen Bereich der Welt, wo alles so weit automatisiert wurde, dass wir sagen können: „Sechs Stunden weniger Radioprogramm nächste Woche in Indonesien, oder es kommt zu einem starken Nachlassen des Interesses an Literatur." Oder: „Wir können nächste Woche zwanzig Stunden Fernsehprogramm in Südafrika senden, um das durch den Rundfunk letzte Woche aufgeheizte Stammesklima abzukühlen."[45] Auf diese Weise können ganze Kulturen programmiert werden, um ihr emotionales Klima zu stabilisieren. Ein kühles Klima ist einem heißen immer vorzuziehen, da der Zustand höchster Entwicklung, wie er in heißen und dichtgedrängten Städten zu finden ist, zugleich auch arm an Möglichkeiten aktiver Beteiligung ist. Bei allem, wo wir selbst aktiv werden, sind wir „cool" und erleben intensiver.

Unser „Abkühlungssystem" hat jedoch auch seine Schattenseiten. Um ein Erlebnis in unsere Erfahrung aufzunehmen, muss es „zensiert" und in einen abgekühlten Zustand versetzt werden, um unser Zentralnervensystem zu schützen. „Für viele Menschen bringt dieses ‚Kühlersystem' ihr ganzes Leben lang einen Zustand der Totenstarre oder des Nachtwandelns, den man besonders zu Zeiten des Auftretens neuer Techniken beobachten kann.[46] In diesem Zusammenhang sei auch noch einmal der Begriff der Ausweitung des Körpers durch ein Medium beschrieben. McLuhan macht deutlich, dass „Ausweitung" zugleich „Amputation" bedeutet: Bei Stress oder Überreizung schützt sich das zentrale Nervensystem selbst aktiv mit der Waffe der Amputation. Der Anreiz zu neuen Erfindungen ist also die Belastung durch eine Beschleunigung des Tempos oder eine größere Last.
So etwa bei dem „Rad als Ausweitung des Fußes, als der Druck durch den von Geld und Medien beschleunigten Austausch zu hoch wurde." Das Rad als Gegenmittel gegen größere Belastung wiederum führt durch die Verstärkung einer gesonderten oder isolierten Funktion, nämlich der des Fußes im Abrollen, erneut zu intensiver Wirkung.
Diese Verstärkung kann das Nervensystem nur durch die Betäubung oder Blockierung der Wahrnehmung ertragen. McLuhan stellt hier einen Vergleich zum Mythos des Narziss an, wo es seiner Ansicht nach nicht darum geht, dass sich Narziss in sein Spiegelbild verliebte, sondern darum, dass das Bild des jungen Mannes eine Selbstamputation oder eine durch Reizdruck hervorgerufene Ausweitung ist. Als Gegenreizmittel verursacht das Abbild eine generelle Betäubung oder Schockwirkung, die jede Erkenntnis unmöglich macht. Selbstamputation schließt Selbsterkenntnis aus.[47]
Ebenso verhält es sich bei den Kommunikationsmedien. Vergnügen (wie Sport, Alkohol, Unterhaltung etc.) ist ein Gegenreizmittel – hier kommt die Beruhigung dem Entfernen von störenden Reizen gleich. Das Ziel ist dabei immer ein ausgeglichener Zustand des Zentralnervensystems. In dieses Bild passt die Erfindung der Elektrotechnik; sie stellt für

---

[45]McLuhan, Marshall: Heiße Medien und kalte. In: Claus Pias, Joseph Vogl, Lorenz Engell, Oliver Fahle, Britta Neitzel [Hrsg.]: Kursbuch Medienkultur. München 2008, S. 50.
[46] Norden (1969), S. 143.
[47] ebd., S. 144/145.

McLuhan ein naturgetreues Modell des eigenen Zentralnervensystems dar, das der Mensch erweiterte und nach außen verlegte, um sich selbst zu schützen.[48] Der Mensch ist sich dieser „Narziss-Narkose", der psychischen und sozialen Auswirkungen seiner neuen Technologien genauso wenig bewusst wie der Fisch sich des Wassers bewusst ist, in dem er schwimmt – „das hat unsere Zeit zu einer Ära der Angst werden lassen, das zugleich das Zeitalter der Ziel- und Teilnahmslosigkeit hervorgebracht hat".[49] Abhilfe verschafft nur die Aufklärung über die Wirkung der Medien, die nach McLuhan schon vom Kindesalter an stattfinden muss.

4.3.2 The medium is the message

Jedes Medium erzeugt seine eigene Umwelt, die auf „totale und rücksichtslose Weise" auf den Menschen einwirkt. Ein neues Medium kommt zu den etablierten nicht einfach dazu, sondern formt sie um. Denn das Medium existiert nicht einfach nur als physikalischer Gegenstand, sondern beinhaltet alles, was mit ihm verbunden ist. „Die ‚Botschaft' jedes Mediums oder jeder Technik ist die Veränderung des Maßstabs, Tempos oder Schemas, die es für die Existenz des Menschen mit sich bringt."[50] McLuhan gibt hier das Beispiel des Autos an, das man nicht als isoliertes Objekt, sondern im Kontext mit Autobahnen, Tankstellen und neben der Straße angebrachten Neonschildern (letzteres betrifft wohl hauptsächlich die USA) begreifen – also in Verbindung mit vielen Veränderungen und Lebenssituationen, die das Auto mit sich brachte.[51] Ebenso hat die Eisenbahn der menschlichen Gesellschaft nicht nur Bewegung oder die Straße gebracht, sondern das Ausmaß früherer menschlicher Funktionen vergrößert, beschleunigt und somit ganz neue Arten von Städten, Arbeit und Freizeit geschaffen – dabei ist die Fracht, also der „Inhalt" das Mediums Eisenbahn völlig egal.[52] Der Forscher hat allerdings Verständnis für unsere Hilflosigkeit:

> In einer Kultur wie der unseren, die schon lange gewohnt ist, alle Dinge aufzusplittern und zu teilen, um sie so unter Kontrolle zu bekommen, ist es ein kleiner Schock, wenn man daran erinnert wird, dass in Funktion und praktischer Anwendung das Medium die Botschaft ist.

Leider neigen wir dazu, die Welt „im Rückspiegel wahrzunehmen" und uns an Gegenstände der jüngsten Vergangenheit zu klammern, wenn wir neuen Situationen gegenüberstehen. „Wir schreiten rückwärts in die Zukunft. Der amerikanische Vorstädter lebt in der Phantasie noch im Wilden Westen."[53] Im Namen des „Fortschritts" versuchen wir, die Aufgaben der alten Medien auf die neuen zu übertragen. Unsere Zeit ist eine schwierige, weil wir mitten zwischen zwei hochentwickelten Technologien stehen und an die neue Technik mit den psychischen und sinnlichen Reflexen herangehen, die uns die alte Technik gelehrt hat. Dieser Konflikt ist, so McLuhan, typisch für Übergangsperioden: „Wir zwingen dem Inhalt des Neuen die Formen des Alten auf. Wir leiden immer noch an

---

[48] McLuhan (1968), S. 146.
[49] Norden (1969), S. 8.
[50] McLuhan (1968), S. 139.
[51] Marchand (2002), S. 97.
[52] McLuhan (1968), S. 139.
[53] McLuhan (1984), S. 75.

15

der gleichen Krankheit."[54] Die einzige Möglichkeit, diesem Dilemma zu entkommen, ist wie bereits angesprochen die Aufklärung und Bildung der nächsten Generation. „Die Schulausbildung muss vom bloßen Unterrichten, von aufgezwungenen Schablonen abkommen und sich aufs Entdecken, aufs Sondieren, Erforschen und Erkennen der Formensprachen konzentrieren."[55]

5 Meinungsbild der Kritiker

Die Kritik an McLuhans Arbeit bezog sich meist auf drei Punkte: Erstens sei sein Schreibstil erbärmlich, zweitens sei er ignorant gegenüber Fakten und drittens gefalle er sich darin, die von ihm aufgezeigten Phänomene lediglich zu beschreiben und verhalte sich indifferent gegenüber den Fragen sozialer Gerechtigkeit. McLuhan enthielt sich fast immer einer Reaktion; überzeugende Gegenangriffe lagen ihm fern.[56] Auch Wolfgang COY schrieb über McLuhans Duktus:

> „Viele seiner Aussagen stehen beinhart in der literaturwissenschaftlich gelehrten Tradition, aus der McLuhan kommt, andere sind den Slogans der Werbung oder der Sprache der Tagesschau näher als wissenschaftlich abgesicherten Aussagen. Dies ist eine gefährliche Methode, die eines großen Überblicks, meisterlicher Beschränkung und Sicherheit bedarf",

doch er ergänzt: „Doch wenn sie aufgeht, folgt die Erleuchtung beim Leser"[57] und betont

> Man darf McLuhan jedoch nicht unterschätzen: Seine einordnenden Strukturanalysen haben das ganze Feld bewegt – und nicht ohne Widerspruch geblieben. Seine These „The medium is the message" sind einer Medienforschung fremd geblieben, die Wirkungsforschung, Untersuchungen zum Rezeptionsverhalten, inhaltliche Einzelanalysen oder aufklärerische Gesten vorzieht. Dies mag man als nicht entscheidbare wissenschaftliche Stilfragen ansehen.[58]

Im Hinblick darauf, dass McLuhans Thesen vielleicht nicht grundsätzlich falsch, aber doch schlichtweg veraltet sind, hält COY ihm zugute, dass er in seinem Werk *Understanding Media* durchaus Weitblick bewies, indem er schrieb: „Die Welt besteht, um in einem Buch zu enden.' Wir sind jetzt in der Lage, noch weiter zu gehen und das ganze Schauspiel dem Gedächtnis des Computers zu übergeben."[59] Doch bleibt sein Blick insgesamt stark auf das Fernsehen fixiert.

Viele Kritiker beziehen Stellung zu McLuhans Einteilung in heiße und kalte Medien. So kritisieren Dr. Sandra GABRIELE und JoAnne STOBER, dass das Konzept nicht ausgereift ist und sich Medien nicht in ein binäres System einteilen lassen – McLuhan bedient sich damit selbst des Funktionalismus, den er sonst kritisiert. Die Autorinnen bieten die Lösung an, nicht klar zwischen „heiß" und „kalt" zu trennen, sondern Medien auf einer Skala (im Sinne von „kühler als" oder „heißer als") einzuordnen:

---

[54] McLuhan (1984), S. 86.
[55] ebd., S. 100.
[56] Marchand (2002), S. 99.
[57] Coy (1995), S. XI.
[58] ebd., S. XIV.
[59] ebd., S. XV.

One way to make sense of „hot" and „cool", however, is to consider McLuhan's emphasis on the extension of one sense over the others as a defining feature of hot media. The intense and singular focus on the ear led McLuhan to think of radio as hot. Looked at this way, concepts which may appear as oppositional or binary become more relational. When comparing two media, hot and cool are measures on a scale -- „cooler than" or „hotter than" -- not dichotomous terms.[60]

Auch Toby GOLDBERG setzte sich mit dem Konzept der heißen und kalten Medien auseinander und kam zu dem Schluss, dass es sich hierbei um das unbefriedigendste Konzept handelte, das McLuhan bisher hervorgebracht hatte.[61] Ihm wurde außerdem auch nach intensiver Analyse von Werken von und über McLuhan nicht klar, was die folgenden Begriffe im Zusammenhang mit heißen Medien zu bedeuten hätten: „spezialisierend, explosiv, fragmentarisch, individualisierend, stammesauflösend, fantasieanregend, passiv und konsumentenorientiert". Samuel D. NEILL, der GOLDBERGS Kritik in sein Werk übernahm, rät zu einer weniger genauen Betrachtungsweise im Umgang mit McLuhan:

> I think it is better to leave the details to McLuhan; he used the words as he pleased, in his own way and with his own meanings, and he did so with assurance and flair. To understand McLuhan it is necessary to stand away from „fine points" and grasp the broad generalizations. Otherwise, one drowns in illogic, contradiction, and casual use of facts.[62]

McLuhans Worte müssten, so betont er, als eine Form der Poesie aufgefasst werden. Er geht davon aus, dass wohl nicht noch deutlich gemacht werden muss, dass es die McLuhansche Zweiteilung der Welt nicht geben kann. Es gibt im Erleben von Kommunikationsmedien kein „Entweder-Oder". Wir waren schon immer eine orale Kultur und werden es immer bleiben. Alle anderen Medien sind lediglich Erweiterungen. Ebenso wenig gibt es ein „Entweder-Oder" im Erleben der Welt: Wir hören, fühlen, schmecken und berühren den ganzen Tag über etwas. Menschen sind multisensorische Lebewesen, die nicht nur in ihrem Geiste oder ihren Vorstellungen leben. Dichotomien sind nützlich, um Modelle des Erlebens zu beleuchten, doch diese Modelle sind keine „Erlebensmodelle" – und laut NEILL hat McLuhan auch nicht behauptet, dass sie das sind. Sein Ziel war lediglich, unsere Aufmerksamkeit für die Effekte von Medien zu wecken, und er verfolgte dies mit den Mitteln, die er kannte (oder über die er verfügte oder die er mochte). McLuhan war ein Künstler, kein Wissenschaftler, und von Zeit zu Zeit wurde ihm das auch klar: „When I sit down to write about complicated problems moving on several planes, I deliberately move into multi-sensual prose. This is an art form…a serious art form".[63] NEILL zitiert den Forscher weiter: „All my writing is satire – intended to wake people up.' Deshalb dürfen wir den Leitspruch „The medium is the message" nicht wörtlich nehmen. Er sollte nur unsere Aufmerksamkeit wecken. Der Kommentar von Dwight MCDONALD zu *Understanding Media* kann abschließend stellvertretend für die Meinung vieler Kritiker zu McLuhans Werken gelesen werden:

---

[60] Dr. Sandra Gabriele/JoAnne Stober: McLuhan. Hot and cool. Online unter URL: http://www.collectionscanada.gc.ca/innis-mcluhan/030003-2050-e.html (Stand: 12.12.2010)
[61] Neill, Samuel D.: Clarifying McLuhan. Westport, Conn. [u.a.] 1993, S. 64.
[62] ebd., S. 75/76.
[63] ebd., S. 76.

Die einzelne Seite ist eindrucksvoll, zwei sind „stimulierend", fünf lassen ernsthafte Zweifel aufkommen, zehn bekräftigen sie, und lange bevor der verwegene Leser taumelnd auf Seite 389 angelangt ist, hat ihn die Häufung von Widersprüchen, Unfolgerichtigkeiten, verzerrten Fakten und solchen, die gar keine sind, Übertreibungen und chronischer rhetorischer Unklarheit für Erkenntnisse empfindungslos gemacht [...].[64]

6   Fazit

Die Beschäftigung mit Marshall McLuhans Theorien hat gezeigt, dass seine Ideen auch dreißig Jahre nach seinem Ableben noch nicht ohne weiteres nachvollziehbar sind – was schon an den vielen Anführungszeichen, die bei der Wiedergabe seiner Worte gesetzt werden müssen, deutlich wird. Viele Thesen scheinen – wenn auch auf den ersten Blick interessant – unausgereift und drängen sich dem Leser durch übertriebenes Aufbauschen in ihrer Formulierung geradezu auf; die Dramatik (besonders in der Beschreibung der Epochenwechsel und der Medienwirkung) wirkt oftmals unangebracht und unwissenschaftlich. Nimmt man sich den Rat verschiedener Kritiker jedoch zu Herzen und versucht, in McLuhans Werken eher ein von der Popkultur der 1960er geprägtes Stück Kunst zu erkennen – diesen Eindruck erweckt im Übrigen auch die Aufmachung seiner Werke – und seinem Forschungsstil etwas gelassener gegenüber-zutreten, so haben seine Theorien nicht nur Unterhaltungswert, sondern lösen in der Tat an einigen Stellen den „Aha-Effekt" aus. Recht kann man McLuhan sicher ohne weiteres in dem Punkt geben, dass sich die Lebensumstände in unserem „elektronischen Zeitalter" radikal geändert haben und es nicht schaden kann, die Menschen frühzeitig auf die „mitreißende Kraft" der Medien vorzubereiten. Was sich in McLuhans Schaffensphase schon abzeichnete, wird jetzt zur Gewissheit: Die modernen Medien prägen unser Leben in beinahe jeder alltäglichen Situation und werden auch die weitere Entwicklung der Menschheit radikal beeinflussen. Ob es daraus jemals ein Zurück geben wird (also nach McLuhan einen Medienwandel hin zu einer neuen Ära), ist heute noch nicht abzusehen. Schlichtweg absurd und unnachvollziehbar war für mich seine Beschreibung des Trance-Zustandes, in den uns die Medien versetzen können. Selbst wenn McLuhans bedrohliches Bild der „Mediensklaven" und der hypnotischen Kraft der heißen Medien der Wirklichkeit entsprechen sollte – müssten nicht wenigstens einige wenige Empfindsame unter uns ebenfalls auf diesen Zustand aufmerksam werden und davor warnen? Mit anderen Worten: Warum sollte man etwas ändern, dessen sich niemand bewusst ist und das anscheinend niemanden zu stören scheint? Diese Frage begleitete mich während meiner gesamten Auseinandersetzung mit Marshall McLuhan und lässt mich etwas ratlos zurück. So lautet das Fazit schlicht: Sollte man einmal gelesen haben. Bestätigung erhalte ich in diesem Punkt von Jonathan MILLER, mit dessen Worten ich schließen möchte: „Ich bin damit einverstanden, dass alles, was McLuhan sagt, neue Türen öffnet. Ich glaube, er öffnet häufig Türen zum Chaos, aber er öffnet auch genügend Türen auf Erregendes und Produktives, so dass es sich lohnt, ihn zu lesen."[65]

---

[64] McDonald, Dwight (zu *Understanding Media*). In: Stearn, Gerald Emanuel [Hrsg.]: McLuhan. Für und Wider. Düsseldorf [u.a.] 1969, S. 242.
[65] Miller, Jonathan (zu *Understanding Media*). In: Stearn, Gerald Emanuel [Hrsg.]: McLuhan. Für und Wider. Düsseldorf [u.a.] 1969, S. 276.

Literatur

McLuhan, Marshall: Das Medium ist Massage. Frankfurt/M., Berlin [u.a.] 1984.

McLuhan, Marshall: Heiße Medien und kalte. In: Claus Pias, Joseph Vogl, Lorenz Engell, Oliver Fahle, Britta Neitzel [Hrsg.]: Kursbuch Medienkultur. Die maßgeblichen Theorien von Brecht bis Baudrillard. 6. Aufl.. München 2008.

Norden, Eric: Interview mit Marshall McLuhan (1969). In: Martin Baltes [Hrsg.]: Marshall McLuhan. Mit einem biografischen Essay von Philip Marchand. Freiburg 2002.

Coy, Wolfgang: Von der Gutenbergschen zur Turingschen Galaxis. Jenseits von Buchdruck und Fernsehen. Bremen 1995. In: Marshall McLuhan: Die Gutenberg-Galaxis. Das Ende des Buchzeitalters, Köln 1995.

Finkelstein, Sidney: Sense and nonsense of McLuhan. New York 1968.

Marchand, Philip. Biografie. In: Martin Baltes [Hrsg.]: Marshall McLuhan. Mit einem biografischen Essay von Philip Marchand. Freiburg 2002.

McDonald, Dwight (zu *Understanding Media*). In: Stearn, Gerald Emanuel [Hrsg.]: McLuhan. Für und Wider. 1. Aufl.. Düsseldorf [u.a.] 1969.

Miller, Jonathan (zu *Understanding Media*). In: Stearn, Gerald Emanuel [Hrsg.]: McLuhan. Für und Wider. 1. Aufl.. Düsseldorf [u.a.] 1969.

Neill, Samuel D.: Clarifying McLuhan. An assessment of process and product. Westport, Conn. [u.a.] 1993.

URL: http://www.collectionscanada.gc.ca/innis-mcluhan/030003-2000-e.html (Stand: 12.12.2010